WOLFGANG AMADEUS MOZART

CONCERTO

for Violin and Orchestra
E♭ major / Es-Dur / Mi♭ majeur
K 268

Ernst Eulenburg Ltd

London · Mainz · Madrid · New York · Paris · Tokyo · Toronto · Zürich

Violin-Konzert.*)

I.

Allegro moderato.

W. A. Mozart.
1756-1791
Köchel-Verzeichnis N° 268.

*) Die Echtheit dieses Konzerts ist zweifelhaft. Vermutlich handelt es sich um eine anonyme Bearbeitung Mozartscher Entwürfe. Vgl. H. Abert, *W. A. Mozart,* I 508

The authenticity of this Concerto is in doubt. It is probably an anonymous arrangement of sketches by Mozart. See H. Abert, *W. A. Mozart,* vol. I, p. 508.

No. 718   E. E. 3811   Ernst Eulenburg & Co GmbH

4

6

E. E. 3811

E. E. 3811

20

E. E. 3811

200

SOLO.

E. E. 3811

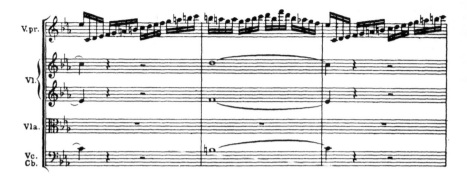

28

E. E. 3811

II.

Un poco Adagio.

E. E. 3811

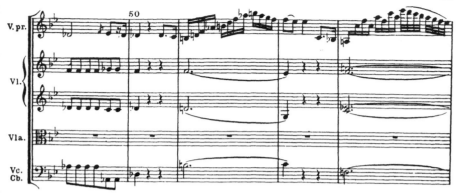

E. E. 3811

48

51

E. E. 3811

E. E.3811

E. E. 3811

SOLO

66